Petra
PUBLISHING
Parents Engaging To Raise Aspirations

play wales chwarae cymru

Plentyndod
Chwareus
Playful
Childhoods

Published in partnership with The Parent Network ~ Cyhoeddwyd mewn partneriaeth â The Parent Network

FOREWORD

Hello, I'm Sally Holland. As the Champion for children in Wales it's my job to listen to children and make sure they have the things they need to be happy, healthy, and safe.

This story is about **playing** and lots of children have told me how important it is. Playing is something that all children around the world should be able to do.

As a child, you have **a right** to play. This means that you must be allowed time and space to play and the adults around you must make sure this happens.

But why is it so important? Playing can help you feel happy and healthy, can help you learn new things, make friends, and explore the world around you. Most of all play is fun!

I will always work hard to make sure that all children have the right to play.

I hope you enjoy this story, which has been written by children in Wales for other children to read.

Sally Holland
Children's Commissioner for Wales (2015-2022)

RHAGAIR

Helo, Sally Holland ydw i. Fel Pencampwr dros blant yng Nghymru fy ngwaith i yw gwrando ar blant a gwneud yn siŵr bod ganddyn nhw'r pethau y maent eu hangen i fod yn hapus, yn iach ac yn ddiogel.

Mae'r stori yma am **chwarae** ac mae llawer o blant wedi dweud wrthyf fi pa mor bwysig yw chwarae. Mae chwarae yn rhywbeth y dylai pob plentyn ym mhob cornel o'r byd allu ei wneud.

Fel plant, mae gennych chi **hawl** i chwarae. Mae hyn yn golygu bod rhaid ichi gael amser a lle i chwarae a bod rhaid i'r oedolion o'ch amgylch wneud yn siŵr bod hyn yn digwydd.

Ond pam fod chwarae mor bwysig? Gall chwarae dy helpu i deimlo'n hapus ac yn iach, gall dy helpu i ddysgu pethau newydd, gwneud ffrindiau, ac archwilio'r byd o dy amgylch. Ond yn fwy na dim, mae chwarae'n hwyl!

Fe fydda' i wastad yn gweithio'n galed i wneud yn siŵr bod pob plentyn yn derbyn ei hawl i chwarae.

Gobeithio y gwnei di fwynhau'r stori yma, sydd wedi ei hysgrifennu gan blant yng Nghymru i blant eraill ei darllen.

Sally Holland
Comisiynydd Plant Cymru (2015-2022)

Everybody needs to play.
But this story is about a land where nobody was allowed to play.
It was a land where children who played got punished.

Mae pawb angen chwarae.
Ond mae'r stori yma am wlad ble nad oedd hawl gan neb i chwarae.
Roedd yn wlad ble byddai plant oedd yn chwarae yn cael eu cosbi.

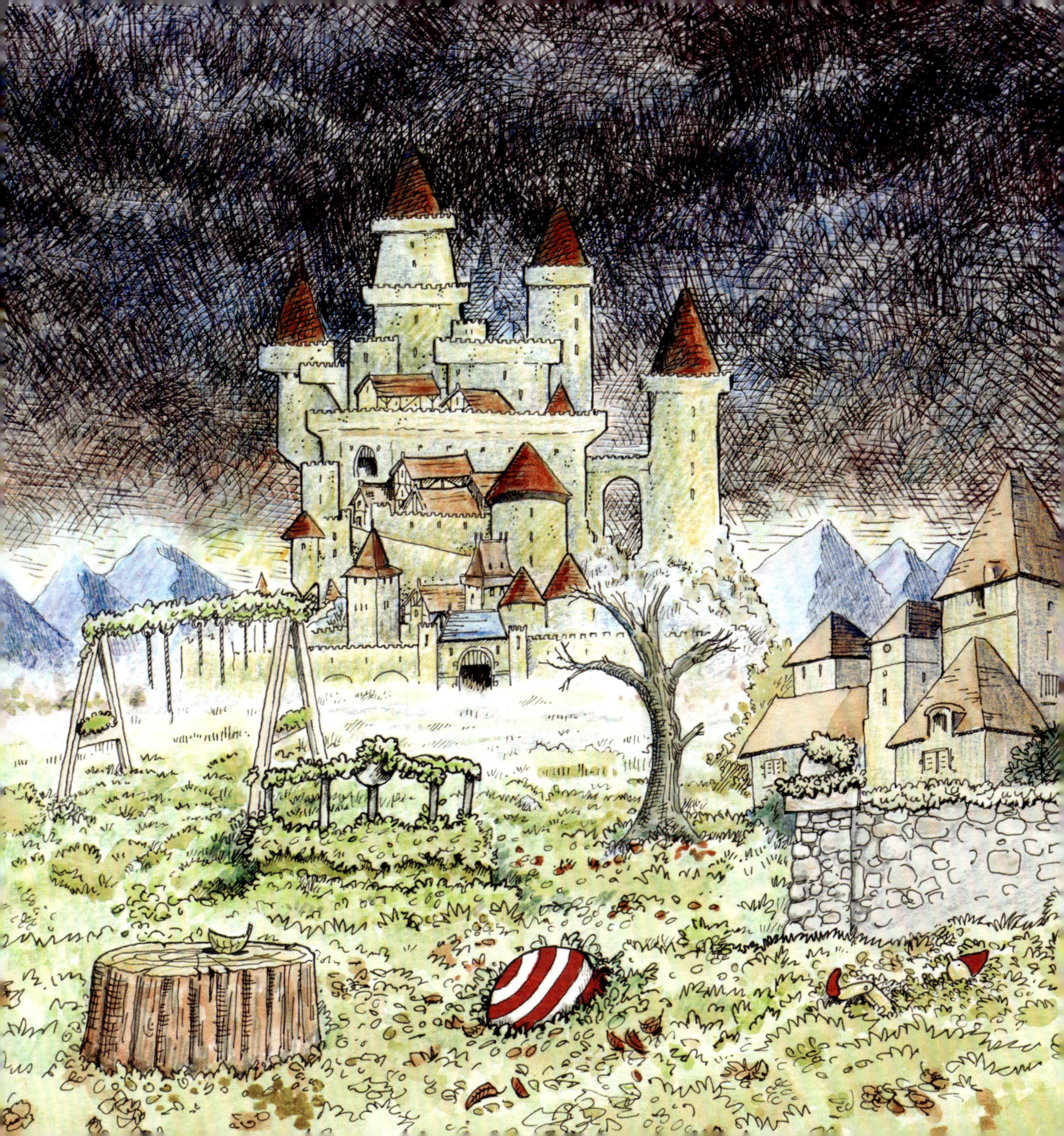

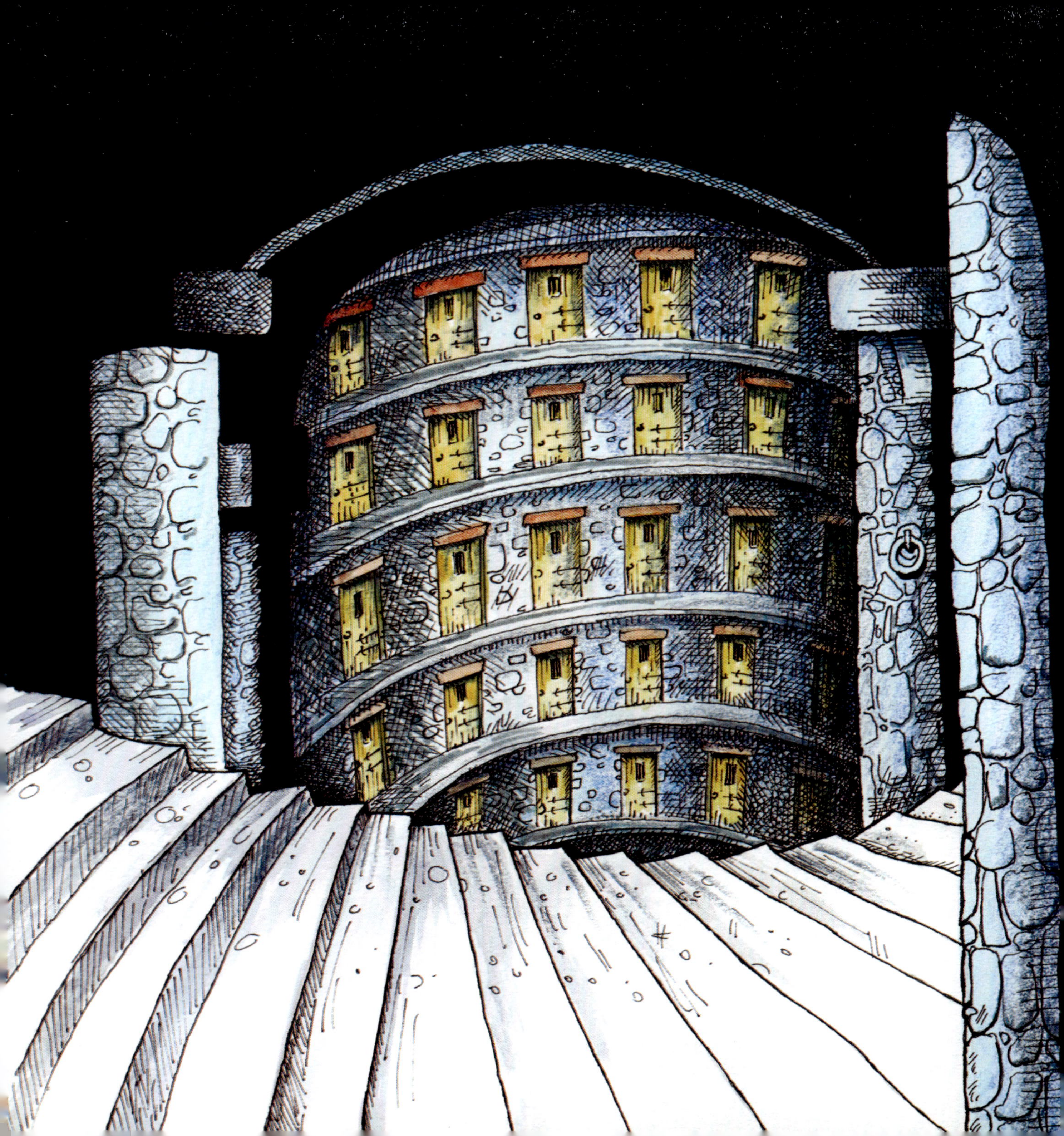

It was a place ruled by an evil, wicked, nasty queen. This Queen didn't have dogs - she had a nasty pack of wolves! Her palace had the biggest dungeons anywhere in the world.

Roedd yn wlad oedd yn cael ei rheoli gan Frenhines gas, greulon. Nid cŵn oedd gan y Frenhines yma - ond haid gas o fleiddiaid! O dan ei phalas roedd y dwnjwn mwyaf yn y byd i gyd.

And, worst of all, the Queen thought that she was the best queen ever. She thought playing was too silly and too messy. She thought it was too dangerous and there just wasn't enough time for it. It led to people being curious and thinking for themselves.

Ac, yn waeth na dim, roedd y Frenhines yn credu mai hi oedd y frenhines orau erioed. Roedd hi'n credu bod chwarae'n rhy ddwl ac yn creu gormod o lanast. Roedd hi'n credu bod chwarae'n rhy beryglus a'i fod yn wastraff amser. Roedd yn gwneud i bobl ofyn cwestiynau a meddwl drostynt eu hunain.

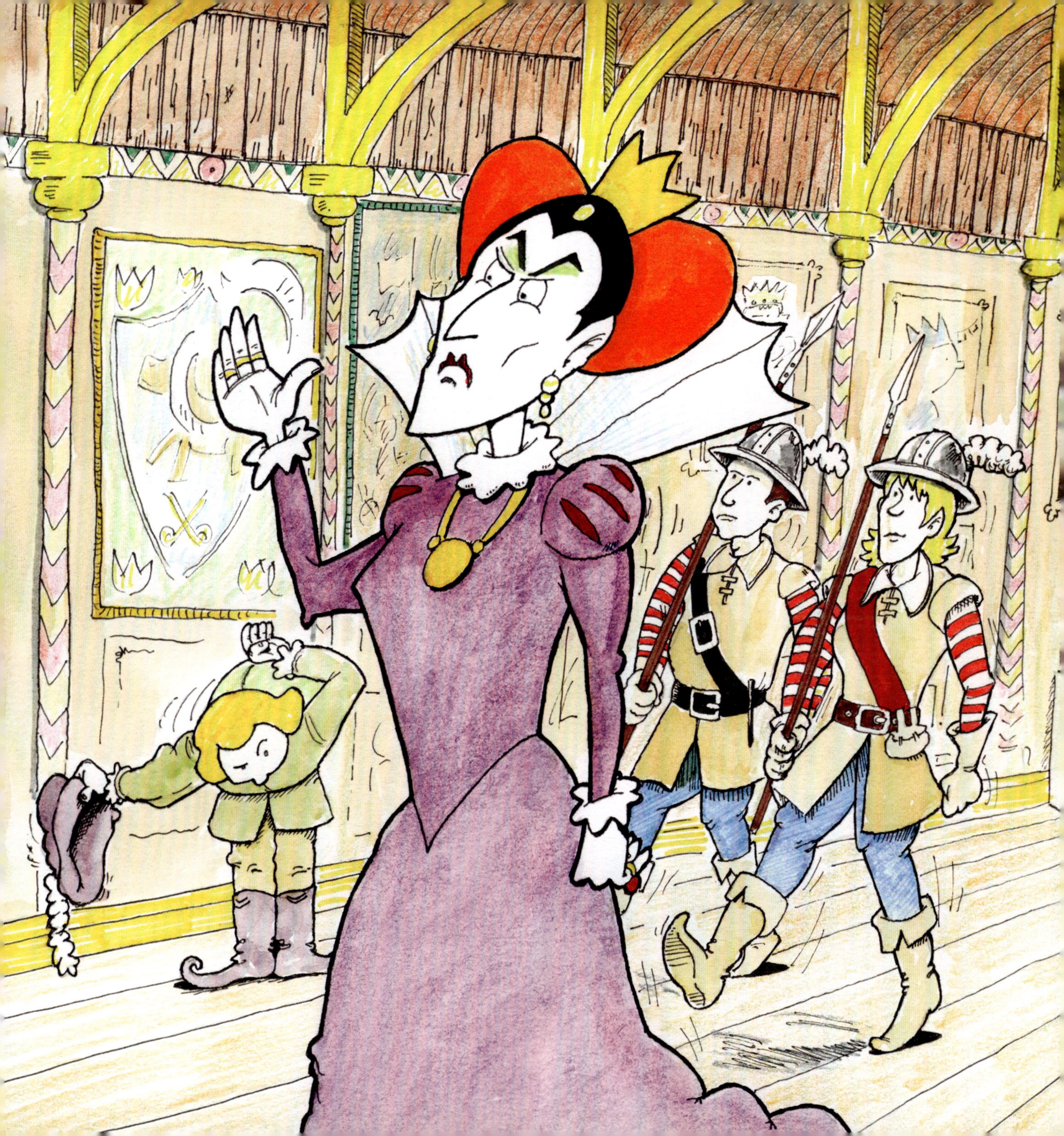

So, anyone caught playing was locked up in the Queen's dungeons. She locked up a father and daughter who were pretending to be leaping frogs. She locked up two boys for playing hopscotch and fifteen children who were playing tag.

Felly, byddai unrhyw un oedd yn cael ei ddal yn chwarae'n cael ei gloi yn y dwnjwn. Cafodd tad a merch oedd yn smalio bod yn llyffantod eu carcharu. Rhoddodd ddau fachgen oedd yn chwarae 'sgots' ac un deg pump o blant oedd yn chwarae tic yn y dwnjwn.

Soon all the children and most of the adults were locked in the dungeons for playing one thing or another.

Yn fuan, roedd y plant i gyd a'r rhan fwyaf o'r oedolion wedi eu cloi yn y dwnjwn am chwarae rhywbeth neu'i gilydd.

At last, the Queen was satisfied.

'There' she said to the head of her soldiers, 'Now we can get on with some real work.'

Everything was quiet ... for about ten minutes.

O'r diwedd, roedd y Frenhines yn fodlon.

'Dyna ni' meddai wrth bennaeth y milwyr, 'Nawr fe allwn ni wneud rhywfaint o waith go iawn.'

Roedd pobman yn dawel ... am tua deng munud.

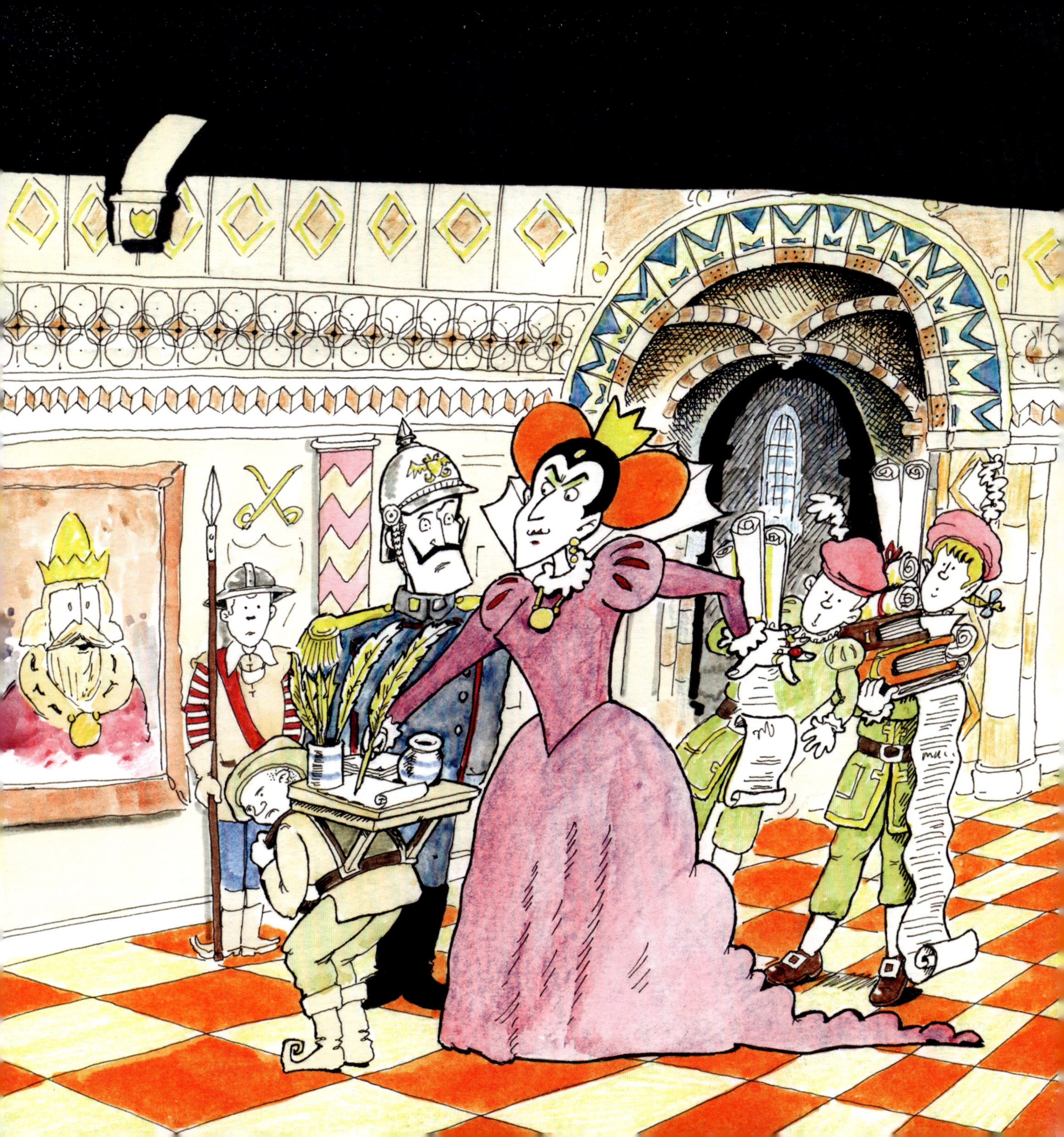

Then strange sounds started wafting up from the dungeons.
'What is that noise?' asked the Queen looking worried.

Yna, dechreuodd synau rhyfedd godi o'r dwnjwn.
'Beth yw'r sŵn yna?' gofynnodd y Frenhines yn bryderus.

'Your Highness,' said the head of the soldiers, 'It sounds like ... it sounds like ...'
'It sounds like PLAYING!' said the Queen.

'Eich Mawrhydi,' meddai pennaeth y milwyr,
'Mae'n swnio'n debyg ... mae'n swnio'n debyg i ...'
'Mae'n swnio'n debyg i CHWARAE!' meddai'r Frenhines.

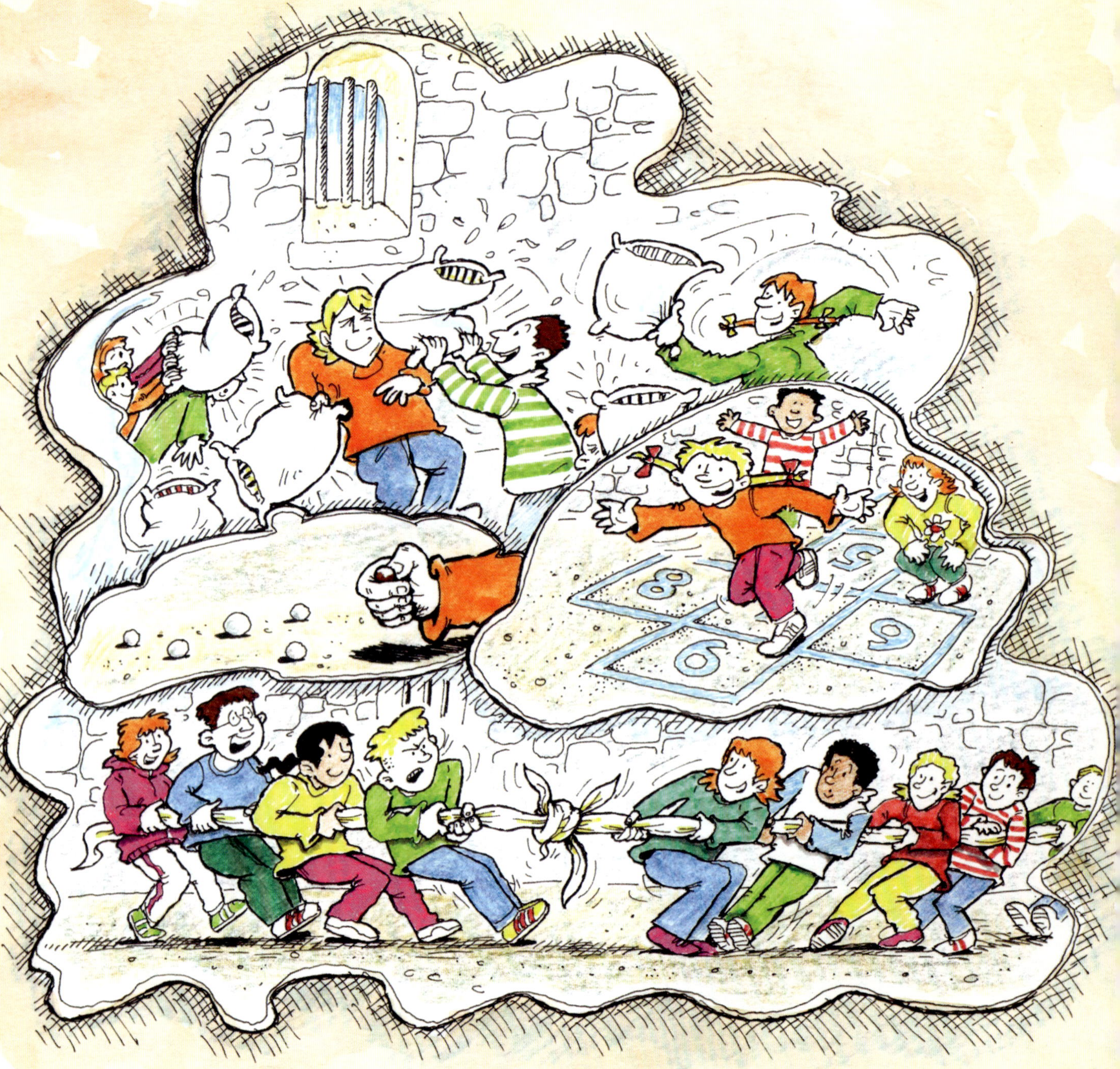

'But they've nothing to play with your Highness … they only have bed sheets and pillows and maybe sticks and stones. I will go and stop it for you.'

'Ond, 'does ganddyn nhw ddim i chwarae gydag e eich Mawrhydi … y cyfan sydd ganddyn nhw yw dillad gwely a chlustogau a rhywfaint o gerrig a darnau o bren. Fe af i roi stop arnyn nhw.'

'No!' said the Queen, 'I will go ... I will disguise myself and go down there to find out what is going on. I want to get to the bottom of this playing once and for all.'

'Na!' meddai'r Frenhines, 'Fe af fi ... fe wna'i wisgo lan fel menyw gyffredin a mynd lawr yna i weld beth sy'n digwydd. Rydw i am fynd at wraidd y chwarae yma unwaith ac am byth.'

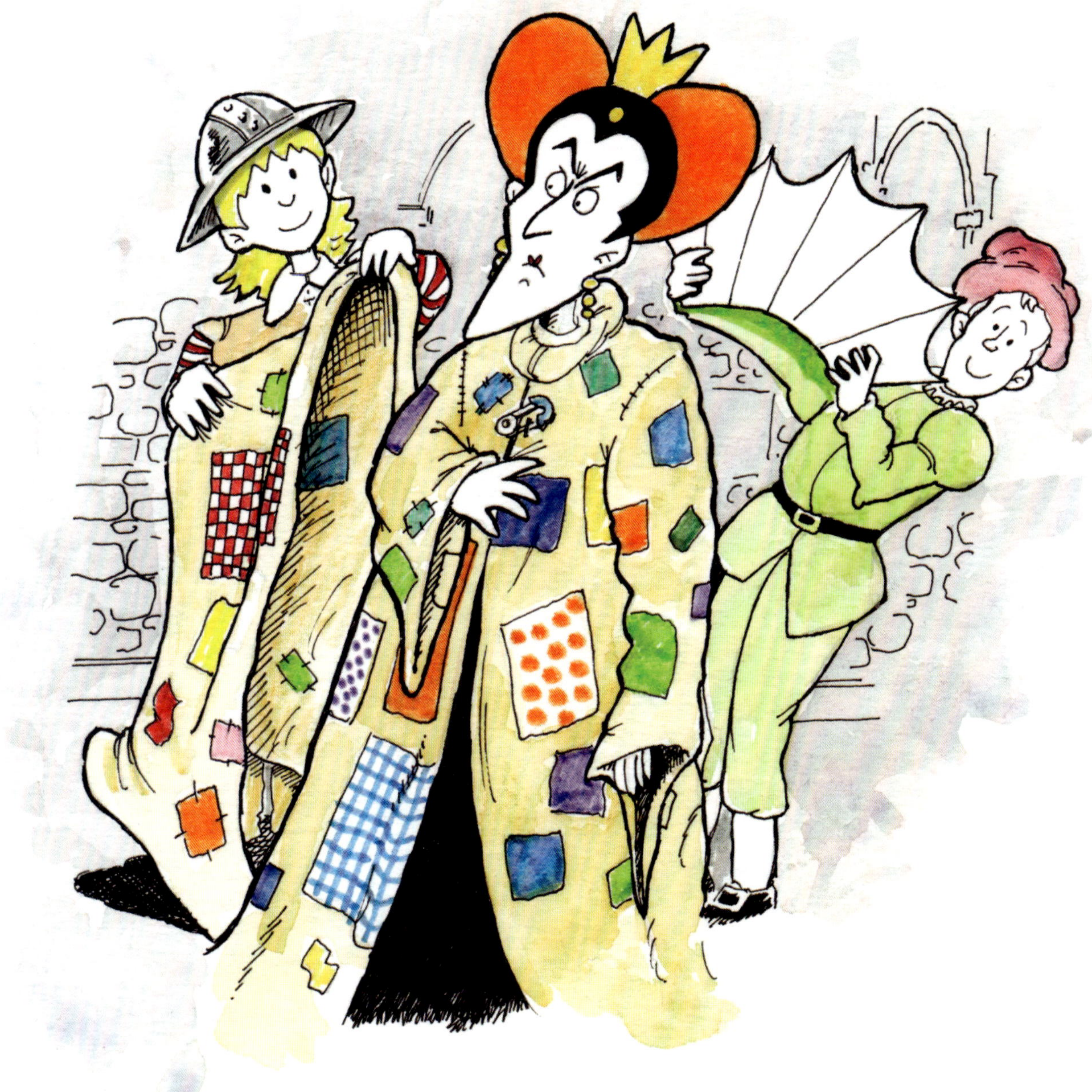

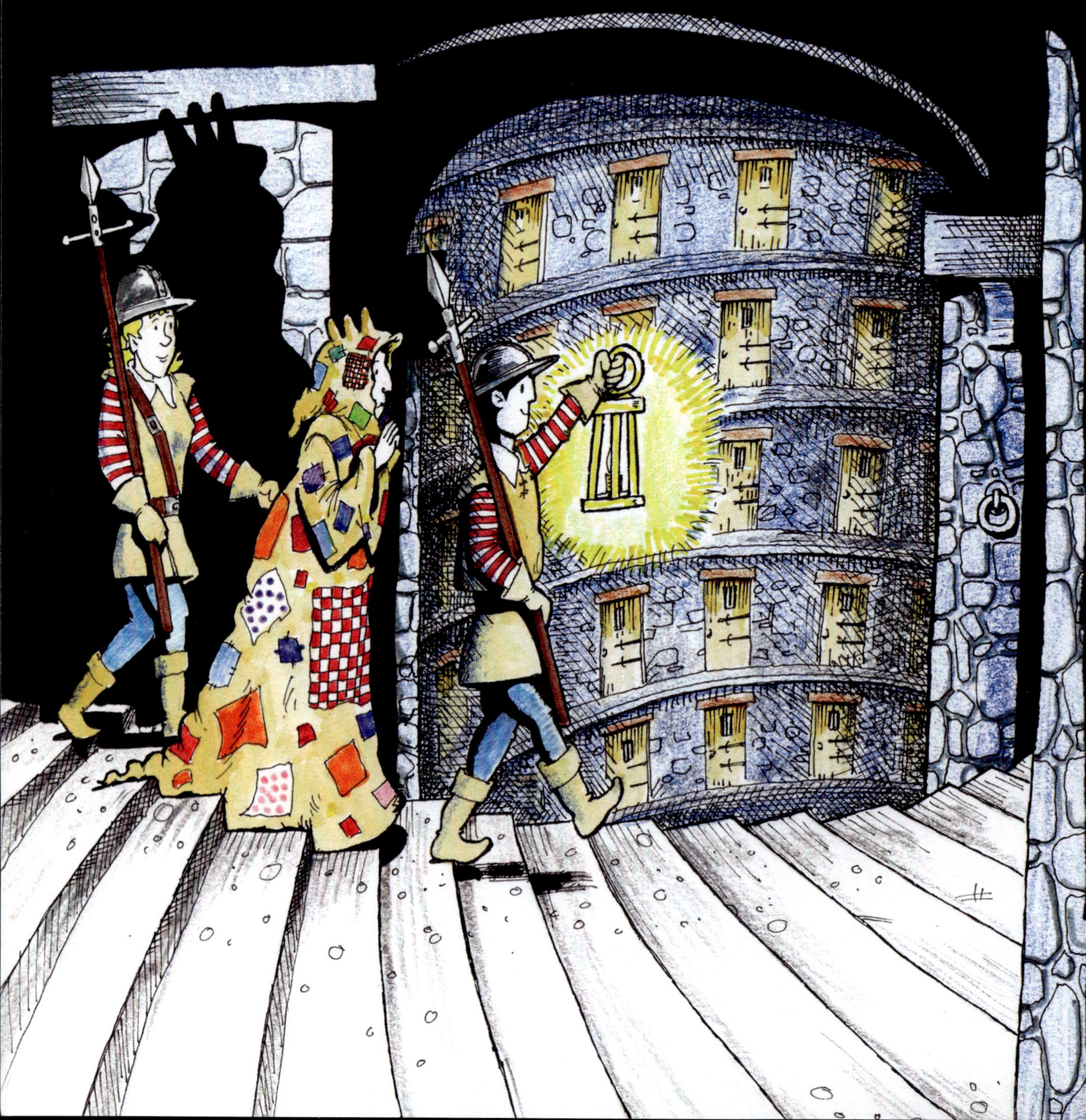

So, the Queen disguised herself as a prisoner and went down to the dungeons.

Felly, gwisgodd y Frenhines fel carcharor a mynd lawr i'r dwnjwn.

The sound of fun and laughter got louder and louder as she went down the stairs and the soldiers put her in a prison cell with three children and a mother.

Tyfodd sŵn yr hwyl a'r chwerthin yn uwch ac yn uwch wrth iddi ddringo i lawr y grisiau ac aeth y milwyr â hi i gell ble roedd tri o blant a mam.

'Don't worry' said the Mother to the Queen, 'They might throw us in the dungeons but they'll never stop us playing.'

'Peidiwch â phoeni' meddai'r Fam wrth y Frenhines, 'Efallai eu bod nhw'n gallu ein taflu i'r dwnjwn ond allan nhw fyth ein stopio rhag chwarae.'

'But there's nothing to play with' said the Queen.
'There's always something to play with,' said the Mother, 'Just look at the children'.

'Ond 'does dim i chwarae gydag e' meddai'r Frenhines.
'Mae wastad rhywbeth i chwarae gydag e,' meddai'r Fam, 'Edrychwch ar y plant'.

The Queen looked and saw the children having great fun. One child had the mattress up against the wall and was making shadow puppets and telling a story. The other two had made a game like marbles with stones.

Edrychodd y Frenhines a gweld y plant yn cael hwyl fawr. Roedd un plentyn wedi gosod y fatres yn erbyn y wal ac roedd yn creu sioe gysgodion a dweud stori. Roedd y ddau arall wedi creu gêm debyg i farblis gyda cherrig bychain.

The three children then had a pillow fight and they built a den with the bed sheets and played lots of games.

'You look sad' said the Mother, 'Don't worry, the evil Queen will never stop us playing. I bet she doesn't even know how to have fun ... how sad'.

Yna cafodd y tri phlentyn frwydr glustogau ac fe wnaethon nhw adeiladu cuddfan gyda'r dillad gwely a chwarae.

'Rydych chi'n edrych yn drist' meddai'r Fam, 'Peidiwch â phoeni, wnaiff yr hen Frenhines gas fyth ein stopio ni rhag chwarae. Mae'n siŵr gen i nad ydi hi'n gwybod sut i gael hwyl ... am drist'.

As the mother spoke a big tear rolled down the Queen's face.
'Why, what is the matter?' asked the Mother.

Wrth i'r fam siarad, powliodd deigryn mawr i lawr boch y Frenhines.
'O diar, beth sy'n bod?' gofynnodd y Fam.

WOOOOOO

'You're right' said the Queen, 'I don't know how to play. I've never been allowed'.

'I didn't mean you' said the Mother, 'I was talking about the nasty Queen. The children can show you how to play, don't worry about that.'

The children gathered round the Queen and comforted her. They had no idea she was the real Queen and they let her join in their games. They played tag and guessing games then took turns wearing the bed sheet to see who could be the best ghost.

'Rydych chi'n iawn' meddai'r Frenhines, 'Dydw i ddim yn gwybod sut i chwarae. Ges i erioed ganiatâd i chwarae'.

'Ond ddim siarad amdanoch chi oeddwn i siŵr' meddai'r Fam, 'Siarad am yr hen Frenhines gas oeddwn i. Fe all y plant ddangos ichi sut i chwarae, peidiwch â phoeni dim.'

Daeth y plant draw at y Frenhines a'i chysuro. 'Doedd ganddyn nhw ddim syniad mai hi oedd y Frenhines go iawn a dyma nhw'n gadael iddi ymuno yn eu gemau. Fe fuon nhw'n chwarae tic a gemau dyfalu ac yna dyma nhw'n cymryd tro yn gwisgo cynfas y gwely i weld pwy oedd yr ysbryd gorau.

The time flew by and the Queen laughed and played until it was dark and there was a knock on the door.

'Your Highness' said a soldier's voice, 'Your supper is ready and your bath has been run for you'.

Aeth yr amser heibio'n gyflym a bu'r Frenhines yn chwerthin a chwarae tan iddi dywyllu ac yna dyma gnoc ar y drws.

'Eich Mawrhydi' meddai llais milwr, 'Mae eich swper yn barod ac mae eich bath wedi ei baratoi'.

The mother and the children could not believe their ears. They were ready for the Queen to punish them. They looked sad and a tear rolled down the cheek of one of the children.

Allai'r fam a'r plant ddim credu eu clustiau. Roedden nhw'n barod i'r Frenhines eu cosbi. Roedden nhw'n drist a dyma deigryn yn dechrau llifo i lawr boch un o'r plant.

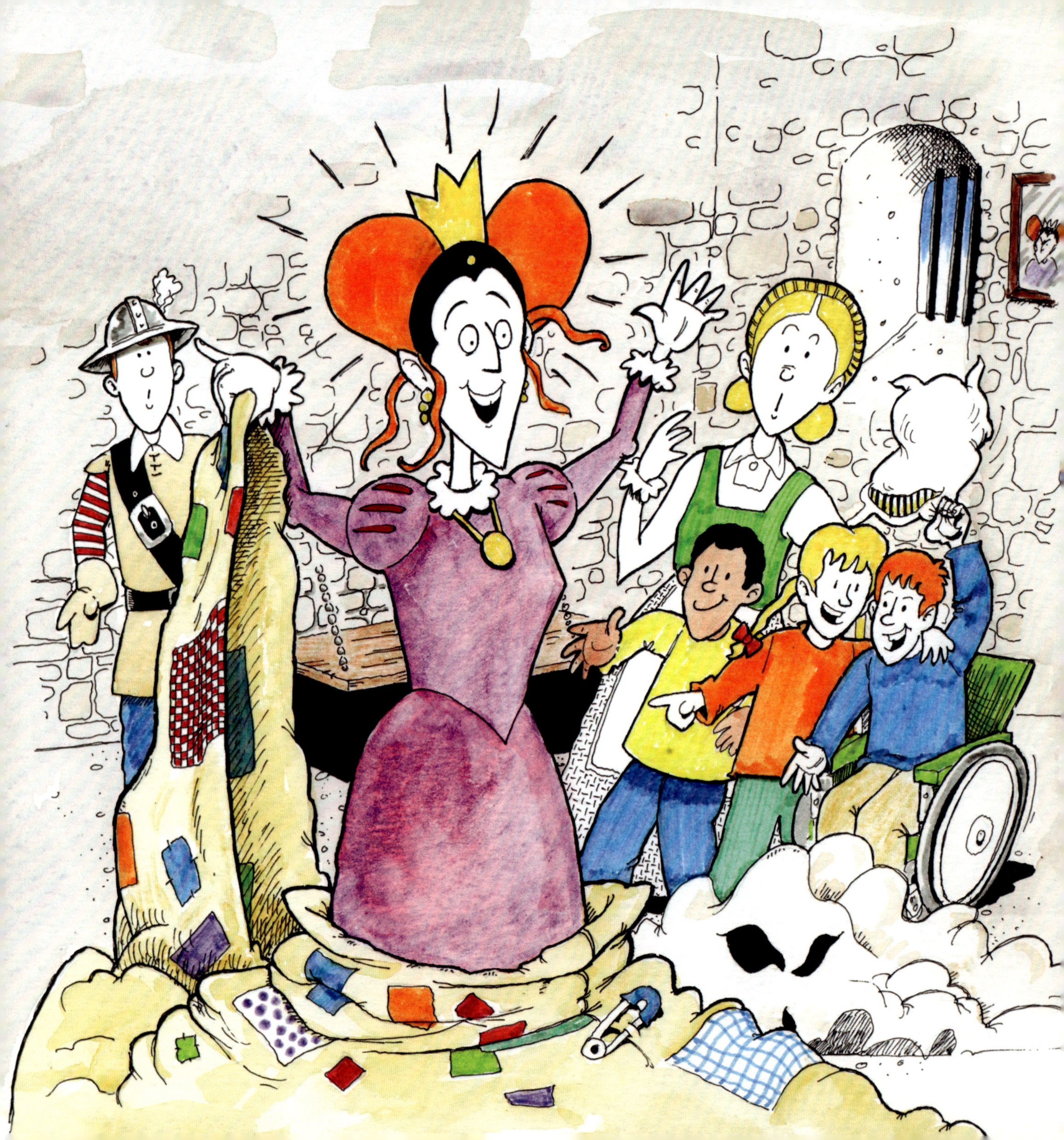

'Please don't cry' said the Queen, 'I am not going to punish you. I have had the best day of my life. I have been wrong about playing. It makes you happy and you have to concentrate and use your imagination. I am going to turn my palace into a playground for everyone, where we can all play together. It will be the best adventure in the world'.

'O na! Paid â chrio' meddai'r Frenhines, 'Dydw i ddim am eich cosbi. Rydw i wedi cael diwrnod gorau fy mywyd. Roeddwn i'n anghywir am chwarae. Mae'n eich gwneud yn hapus ac mae rhaid ichi ganolbwyntio a defnyddio eich dychymyg. Rydw i am droi fy mhalas yn faes chwarae ar gyfer pawb, ble y gallwn ni gyd chwarae gyda'n gilydd. Fe gawn ni'r antur gorau erioed'.

The Queen kept her promise and even made the right to play a law of the land. The palace became a famous playground and nobody ever saw the Queen again.

Fe gadwodd y Frenhines ei haddewid gan hyd yn oed wneud yr hawl i chwarae'n gyfraith gwlad. Cafodd y palas ei droi'n faes chwarae enwog a welodd neb mo'r Frenhines fyth eto.

People said she was far too busy playing to be a Queen.

Yn ôl y sôn, roedd hi'n rhy brysur o lawer yn chwarae i fod yn Frenhines.

Can you spot her?

Alli di ei gweld hi?

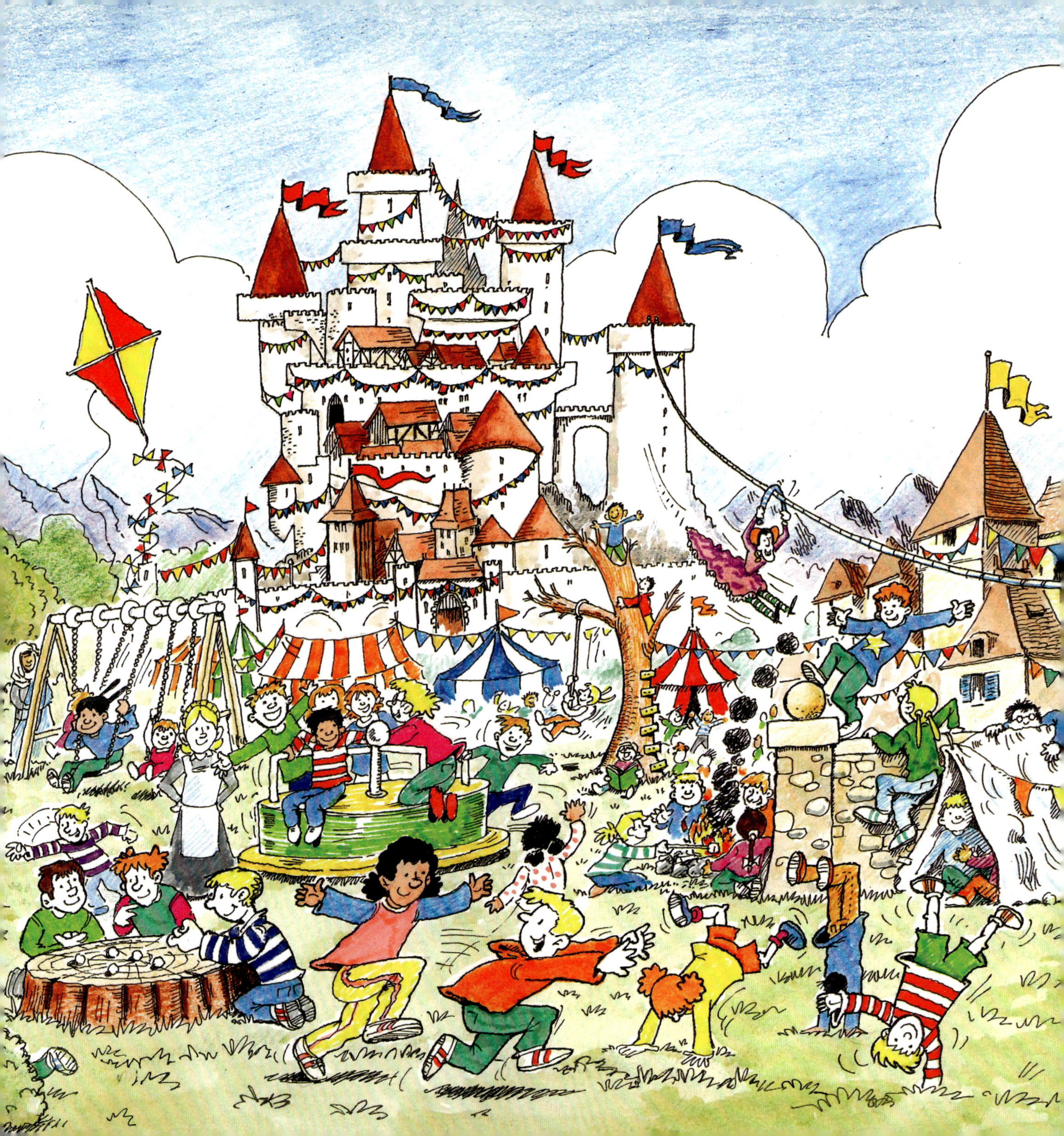

Playing is the most natural and enjoyable way for children and teenagers to keep well and be happy. The importance of children's play has been recognised worldwide. Article 31 of the United Nations Convention on the Rights of the Child is about every child's right to play. The Convention is a list of rights that all children and teenagers, everywhere in the world have, no matter who they are, where they live or what they believe in.

Every child has the right to play - at home, in school and care settings and in their neighbourhoods. Adults have an important role to play. It's important to make sure our children have space, time and the company of others to play - these are the conditions that support play.

Children get the most from their play when they direct, or are in charge of it, and when they choose what to play, who to play with and what the rules are. When children play in this way, the physical, emotional, social, learning and wellbeing benefits are enormous. More importantly, to children themselves, playing is one of the most important parts of their lives. They value and need to have time, freedom, good places to play and supportive adults who champion play on their behalf.

Fun in the Dungeon demonstrates beautifully how children can find and create moments of playing everywhere. It reminds us that all adults in children's lives can either support or hinder the right to play. Thank you to our story making group for reminding us that when the conditions are right for play, it will emerge.

For simple and low-cost ideas to give children time, space and support to play at home and in the community visit our Playful Childhoods website: **www.playfulchildhoods.wales**

Play Wales is the national charity for children's play.
www.playwales.org.uk

Writing the story ...

Inspired by a range of books produced by Petra Publishing (a Caerphilly Parent Network project), Play Wales sought to work with children and parents to write about the child's right to play. Funding from the National Lottery Awards for All programme, enabled us to engage Petra Publishing to help us to develop and publish this storybook.

We are grateful to Mount Stuart Primary School, which allowed us to visit over six weeks to establish a writing group of children and parents. Supported by author and poet Mike Church, the group set about creating a story about the importance of play in their lives.

Over those weeks, they came up with ideas, crafted words and drew pictures depicting children at play, the evil queen and her dungeons. These images were shared with our illustrator, Les Evans, who has captured the sentiment of our story making group and helped to bring the story to life.

Chwarae yw'r ffordd fwyaf naturiol a phleserus i blant a phlant yn eu harddegau gadw'n iach ac yn hapus. Mae pwysigrwydd chwarae plant wedi ei gydnabod ar draws y byd. Mae Erthygl 31 o Gonfensiwn y Cenhedloedd Unedig ar Hawliau'r Plentyn yn sôn am hawl pob plentyn i chwarae. Mae'r Confensiwn yn rhestr o'r hawliau sydd gan bob plentyn a pherson ifanc ym mhob cwr o'r byd, waeth pwy ydyn nhw, ble bynnag y maen nhw'n byw neu waeth beth y maen nhw'n credu ynddo.

Mae gan bob plentyn hawl i chwarae - gartref, yn yr ysgol ac mewn lleoliadau gofal ac yn eu cymdogaethau. Mae gan oedolion rôl bwysig i'w chwarae. Mae'n bwysig sicrhau bod gan ein plant le, amser a chwmni eraill i chwarae - dyma'r amodau sy'n cefnogi chware.

Bydd plant yn cael y gorau o'u chwarae pan fyddan nhw'n ei gyfeirio, neu'n ei reoli, a phan fyddan nhw'n dewis beth i'w chwarae, gyda phwy i chwarae, a phan fyddan nhw'n creu eu rheolau eu hunain ar gyfer sut i chwarae. Pan fydd plant yn chwarae fel hyn, mae'r buddiannau corfforol, emosiynol, cymdeithasol, dysg a lles yn aruthrol. Yn bwysicach fyth, i'r plant eu hunain, chwarae yw un o elfennau pwysicaf eu bywyd. Maent yn gwerthfawrogi, ac maen nhw angen, amser, rhyddid, mannau da i chwarae ac oedolion cefnogol sy'n eiriol dros chwarae ar eu rhan.

Mae **Hwyl yn y Dwnjwn** yn arddangos yn berffaith sut gall plant ganfod a chreu enydau o chwarae ble bynnag y maen nhw. Mae'n ein hatgoffa y gall pob oedolyn ym mywyd plentyn un ai cefnogi neu atal yr hawl i chwarae. Diolch i'r grŵp creu stori am ein hatgoffa, pan fo'r amodau'n gywir, y bydd chwarae'n ymddangos.

Am syniadau syml, rhad ar gyfer rhoi amser, lle a chefnogaeth i blant chwarae gartref ac yn y gymuned, ymwelwch â'n gwefan Plentyndod Chwareus:
www.plentyndodchwareus.cymru

Chwarae Cymru yw'r elusen genedlaethol dros chwarae plant. **www.chwaraecymru.org.uk**

Ysgrifennu'r stori ...

Wedi ein hysbrydoli gan gasgliad o lyfrau a gynhyrchwyd gan Petra Publishing (prosiect gan Rwydwaith Rhieni Caerffili), aeth Chwarae Cymru ati i weithio gyda phlant a rhieni i ysgrifennu am hawl y plentyn i chwarae. Caniataodd ariannu gan raglen Arian i Bawb y Loteri Genedlaethol, inni gyflogi Petra Publishing i'n helpu i ddatblygu a chyhoeddi'r llyfr stori hwn.

Rydym yn ddiolchgar i Ysgol Gynradd Mount Stuart, am ganiatáu inni ymweld â nhw dros gyfnod o chwe wythnos i sefydlu grŵp ysgrifennu o blant a rhieni.

Gyda chefnogaeth yr awdur a'r bardd Mike Church, aeth y grŵp ati i greu stori am bwysigrwydd chwarae yn eu bywydau. Dros y chwe wythnos, fe feddylion nhw am syniadau, saernïo geirfa a thynnu lluniau'n dangos plant yn chwarae, y frenhines gas a'r dwnjwn. Cafodd y lluniau hyn eu rhannu gyda'n darlunydd, Les Evans, sydd wedi llwyddo i ddehongli ysbryd ein grŵp creu stori a helpu i ddod â'r stori'n fyw.